Bernhard Donleitner

Geschäftsprozess Referenzmodellierung

GRIN - Verlag für akademische Texte

Der GRIN Verlag mit Sitz in München hat sich seit der Gründung im Jahr 1998 auf die Veröffentlichung akademischer Texte spezialisiert.

Die Verlagswebseite www.grin.com ist für Studenten, Hochschullehrer und andere Akademiker die ideale Plattform, ihre Fachtexte, Studienarbeiten, Abschlussarbeiten oder Dissertationen einem breiten Publikum zu präsentieren.

Bernhard Donleitner

Geschäftsprozess Referenzmodellierung

GRIN Verlag

Bibliografische Information der Deutschen Nationalbibliothek: Die Deutsche Bibliothek
verzeichnet diese Publikation in der Deutschen Nationalbibliografie; detaillierte bibliografische Daten sind im Internet über http://dnb.d-nb.de/ abrufbar.

1. Auflage 2005
Copyright © 2005 GRIN Verlag
http://www.grin.com/
Druck und Bindung: Books on Demand GmbH, Norderstedt Germany
ISBN 978-3-640-13379-6

Fernuniversität in Hagen

Fachbereich Wirtschaftswissenschaft

Lehrstuhl Wirtschaftsinformatik

Seminararbeit zum Thema

Referenzmodellierung

Seminar: Wirtschaftsinformatik

Name: Donleitner Bernhard

Abgabedatum: 13.05.2005

Inhaltsverzeichnis

Abbildungsverzeichnis

1   Einleitung

Referenzmodelle haben zunehmend an Bedeutung gewonnen. In dieser Seminararbeit sollen zuerst Grundlagen der Referenzmodelle aufgezeigt werden, um dann auf Geschäftsprozess Referenzmodelle eingehen zu können.

Im Kapitel 1 werden allgemeine Definitionen erläutert. Kapitel 2 beschäftigt sich mit der Erstellung von Referenzmodellen, insbesondere mit konfigurativen Referenzmodellen. Referenzmodelle für den Handel und ein konkretes Beispiel eines Auftragserfassungs-prozesses wird in Kapitel 3 behandelt. Kapitel 4 stellt Methoden zur Wiederverwendung dar und Kapitel 5 liefert eine abschließende Zusammenfassung.

1.1   Definition von Modellen und Referenzmodellen

„Modelle stellen das immaterielle und abstrakte Abbild eines Realweltausschnitts für Zwecke eines Subjekts dar" (vgl. STEINMÜLLER, W., 1981 S. 73; BECKER, J., SCHÜTTE, R., 1997, S. 427). Sie sind eine vereinfachte Darstellung eines Ausschnitts der Realität, die eine Erforschung und Beeinflussung des Objektsystems erleichtern oder erst ermöglichen (vgl. LINDEMANN, M., 2000, S. 21).

Ein Informationsmodell stellt dabei eine Spezialform eines Modells dar, das sich auf Informationen eines Objektsystems bezieht. Es stellt somit ein immaterielles Abbild der Informationen des betrieblichen Objektsystem aus der Sicht des Informationssystem und Organisationsgestalters dar (vgl. BECKER, J., SCHÜTTE, R., 1997, S. 428).

Eine Sonderform von Informationsmodellen sind Referenzmodelle (vgl. BECKER, J., SCHÜTTE, R., 1997, S. 428). Referenzmodelle sind in der Regel äußerst abstrakte Konstrukte, die versuchen, einen betrachteten Objektbereich möglichst allgemein darzustellen. Ein Referenzmodell soll im Gegensatz zu anwendungsspezifischen Modellen Anspruch auf Allgemeingültigkeit haben (vgl. SCHARL, 1997, S. 13; LINDEMANN, M., 2000, S. 25), und soll den Ausgangspunkt für den Entwurf spezifischer Modelle bilden (vgl. LINDEMANN, M., 2000, S. 21). Auch im DUDEN (Herkunftswörterbuch 1989, S. 578) wird Referenz als „Empfehlung" bzw. „Bezugnahme" dargestellt, wodurch ebenfalls die Allgemeingültigkeit zur Wirkung kommen soll. Referenzmodelle stellen Entwicklungshilfen bzw. Entwicklungsleitlinien dar und eignen sich zur Verifikation, Schwachstellenanalyse und

Optimierung von Informations- u Kommunikationssystemen (vgl. LINDEMANN, M., 2000, S. 28).

Diese Heterogenität und hohe Bandbreite von Referenzmodellen kommt auch dadurch zur Geltung, dass es bereits für die unterschiedlichsten Branchen, angefangen von Datenmodelle bis zum ISO OSI Schichtenmodell, Referenzmodelle gibt (vgl. BECKER, J., SCHÜTTE, R., 1997, S. 428).

Ein Referenz-Informationsmodell stellt demnach das immaterielle Abbild eines realen oder gedachten Objektsystems dar, wobei die Verarbeitung von Informationen im Mittelpunkt des Informationssystem- und Organisationsgestalters steht. Es kann demnach als Bezugspunkt für das unternehmensspezifische Informationsmodell dienen. Einsatzmöglichkeiten ergeben sich dabei aus a) dem Abgleich von unternehmensspezifischen Prozessen und Informationen gegen ein Modell, das normativen Charakter hat, b) der Unterstützung bei der Auswahl von Standardsoftware und c) einer effizienten Ableitung unternehmensspezifischer Informationsmodelle aus einem generischen Modell (vgl. BECKER, J., SCHÜTTE, R., 1997, S. 427-428).

1.2   Definition von Geschäftsprozessen

Geschäftsprozesse setzen im Gegensatz zu dem funktionsorientierten Vorgehen am prozessorientierten Vorgehen an, um dadurch eine bessere Orientierung am Kunden zu ermöglichen. Diese Orientierung ist notwendig, da nun die Kunden das Kommando übernehmen und sich die Märkte von Verkäufermärkten zu Käufermärkten verändert haben. Durch die Prozessorientierung können somit Wettbewerbsvorteile generiert werden (vgl. HAMMER, M., CHAMPY, J., 1994, S. 30-46).

„Ein Geschäftsprozess (Business Process) ist" demnach „eine zielgerichtete zeitlich-logische Folge von Tätigkeiten" oder Geschäftsvorgängen, der auf der Kunden- und Unternehmensseite zur Wertschöpfung beiträgt und durch einen kontinuierlichen Verbesserungsprozess die Wettbewerbsfähigkeit des Unternehmens nachhaltig verbessert (vgl. STAHLKNECHT, P., HASENKAMP, U., 2002, S. 2-3).

Grundsätzlich können nach STAHLKNECHT, P. und HASENKAMP, U. (vgl. S. 210-211) sechs Merkmale von Geschäftsprozessen aufgezählt werden:

1. Geschäftsprozesse lassen sich in Leistungsprozesse (eigentliche betriebliche Leistung) und Unterstützungsprozesse (Unterstützungsfunktion der Leistungsprozesse) unterteilen.

2. Eine weitere Unterteilung der Leistungs- und Unterstützungsprozesse kann in Primärfunktionen (Beschaffung, Produktion, Vertrieb,...) und Sekundärfunktionen (Rechnungswesen, Personalwesen, Informationsverarbeitung,...) erfolgen.

3. Die Leistungsprozesse, die für das Unternehmen am wichtigsten sind, um im Wettbewerb überleben zu können, werden als Kernprozesse bezeichnet. Durch die Konzentration auf diese Kernprozesse ist es möglich, Unterstützungsprozesse outzusourcen und somit langfristig Wettbewerbsfähig zu bleiben.

4. Aktivitäten in einem Geschäftsprozess müssen nicht immer sequentiell ablaufen, sondern können auch parallelisiert werden, um schnellere Durchlaufzeiten zu ermöglichen.

5. Da an einem Geschäftsprozess meist mehrere betriebliche Funktionsbereiche und Organisationseinheiten beteiligt sind verlaufen die Prozesse bereichsübergreifend ab.

6. Jeder Geschäftsprozess hat einen definierten Anfang (Auslöser) und ein definiertes Ende (Ergebnis), die einen Routinevorgang im Unternehmen darstellen.

Als Beispiele für Geschäftsprozesse können Reklamations- bzw. Beschwerdeprozesse von Dienstleistungsunternehmen, Bearbeitung eines Schadensfalls von Versicherungsgesellschaften, Störungsannahme bzw. Auskunfterteilung in Call Centern und Ausschreibungen von Investitionsprojekten genannt werden.

2   Konfigurative Referenzmodelle

Bei der Erstellung von Referenzmodellen muss immer ein Kompromiss zwischen einem möglichst genau spezifizierten Anwendungsbereich und einer möglichst großen Allgemeingültigkeit getroffen werden. Ein genau spezifizierter Anwendungsbereich ermöglicht eine einfache und schnelle Anpassung an das Unternehmen, jedoch schränkt es die Verwendungsmöglichkeit über alle Anwendungsbereiche sehr stark ein. Ein allgemein gültiges Referenzmodell ermöglicht den Einsatz in verschiedenen Bereichen und ist somit

rentabler für die Referenzmodellhersteller, da sich die Erstellungskosten schneller amortisieren. Aber es erhöht auch den Anpassungsaufwand, der die Stückzahlen tendenziell steigen lässt. Durch konfigurative Referenzmodelle kann dieses Problem mittels eines Kompromisses gelöst werden (vgl. BECKER, J., DELFMANN, P., KNACKSTEDT, R., KUROPKA, D., S. 26).

2.1 Konfigurationsparameter

Entscheidend bei der Erstellung konfigurativer Referenzmodelle ist die Auswahl der relevanten Konfigurationsparameter. Am besten eignet sich eine Zweiteilung in Unternehmensmerkmale und Perspektiven (vgl. BECKER, J., DELFMANN, P., KNACKSTEDT, R., KUROPKA, D., S. 26).

Mit den Unternehmensmerkmalen und dessen Ausprägungen werden die Klassen der Unternehmen beschrieben. Der Anwender kann durch Konfiguration seinen Untersuchungs-gegenstand in das aufgespannte Typisierungssystem einordnen. Durch diese Einordnung entscheiden dann Konfigurationsregeln welche Module des Referenzmodells berücksichtigt werden und welche nicht. Die Konfiguration hat Auswirkung auf den Umfang und die Art des Referenzmodells und kann den Wegfall ganzer Funktionsbereiche bewirken (vgl. BECKER, J., DELFMANN, P., KNACKSTEDT, R., KUROPKA, D., S. 27).

Buildtime Operatoren, die im Kapitel 3.3 genauer beschrieben werden, stellen eine konkrete Möglichkeit zur Konfiguration von Referenzmodellen dar.

Abb. 1 veranschaulicht Konfigurationsbeispiele am Handels-H-Modell[1]. Durch eine Reduktion der ausgewählten Elemente im Abschnitt der Konfiguration reduziert sich auch der Umfang des Handels-H-Modell.

---

[1] Vgl. BECKER, J., 1998, S. 92-93

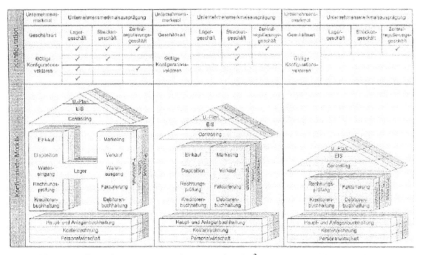

Abb. 1. Konfiguration von Unternehmensmerkmalen[2]: BECKER, J., 1998, S. 92-93

Die Perspektiven als Konfigurationsparameter unterteilen das Gesamtmodell in verschiedene Sichtweisen, da die Gestaltungsempfehlungen in verschiedenen Anwendungskontexten unterschiedlich relevant sind. Eine grobe Unterteilung der Perspektiven kann in Organisations- und Anwendungssystemgestaltung erfolgen. Dies ermöglicht den Organisationsgestaltern den Einsatz von Ereignisgesteuerten Prozessketten (EPKs), Organigramme und Fachbegriffsmodelle, während die Anwendungssystemgestalter EPKs, Anwendungssystemarchitekturen und Entity- Relationship-Modelle (ERM) verwenden können (vgl. BECKER, J., DELFMANN, P., KNACKSTEDT, R., KUROPKA, D., S. 28-30).

2.2 Phasenmodell zum Erstellen von Referenzmodellen

Das Phasenmodell stellt eine Methodik bei der Erstellung eines Referenzmodells dar, mit der ein systematisches Vorgehen während des Modellierungsprozesses gewährleistet werden kann. Das Phasenmodell ist somit eine Abstraktion des Vorgehensmodells und beinhaltet fünf Aufgabenblöcke die in Abb. 2 übersichtlich dargestellt wurden (vgl. BECKER, J., DELFMANN, P., KNACKSTEDT, R., KUROPKA, D., S. 34-36).

---

[2] Vgl. auch BECKER, J., DELFMANN, P., KNACKSTEDT, R., KUROPKA, D., S. 27

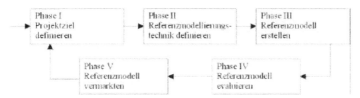

Abb. 2. Phasenmodell: BECKER, J., DELFMANN, P., KNACKSTEDT, R., KUROPKA, D., S. 36

2.2.1 Projektziel definieren (Phase I)

In der Phase I wird das Projektziel definiert, um eine Abgrenzung des relevanten Marktes zu ermöglichen. Auf der Basis einer Ideensammlung wird dann eine Eingrenzung des tatsächlich verfolgten Entwicklungsziels vorgenommen. Die Beschreibung des eingeschränkten Marktes erfolgt mittels Funktionsbereiche, Unternehmensmerkmale und Perspektiven (vgl. BECKER, J., DELFMANN, P., KNACKSTEDT, R., KUROPKA, D., S. 37).

Viele Referenzmodelle stellen eine Ausgangslösung für vollständige Unternehmen dar. Es gibt aber auch Lösungen, die sich mit ausgewählten Funktionsbereichen wie Produktionsplanung und Produktionssteuerung befassen. Was nun in dem Projekt des Referenzmodells berücksichtigt werden soll, muss im Funktionsbereich dokumentiert werden (vgl. BECKER, J., DELFMANN, P., KNACKSTEDT, R., KUROPKA, D., S. 37).

Als nächstes sind die Unternehmensmerkmale zu ermitteln, die das Referenzmodell abdecken soll. Mittels morphologischer Kästen kann ein Unternehmensmerkmal seinen möglichen Ausprägungen zugeordnet werden. Dies ist hilfreich bei der Ermittlung der Unternehmen, die als potentieller Markt für das Referenzmodell gelten sollen. Als Beispiele lassen sich Wirtschaftsstufe (Einzelhandel oder Großhandel) oder horizontale Kooperation (Einzelhandelsbetriebe, Großhandlesbetriebe u. Sonstige Kooperationen) nennen (vgl. BECKER, J., DELFMANN, P., KNACKSTEDT, R., KUROPKA, D., S. 37-38).

Die Perspektiven definieren die potenziellen Modellbenutzer innerhalb der Unternehmen. Ziel ist es, mit den Perspektiven Cluster von Modellbenutzern anzusprechen. Als Hilfsmittel zur Perspektivenfindung eignet sich eine Aufteilung auf drei Dimensionen Zwecke, Rollen und sonstige Einflüsse. Zwecke spezifizieren die Ziele der Referenzmodellanwendung. Rollen berücksichtigen ob der Modellbenutzer mit der Erstellung des Fachkonzeptes, des DV

Konzeptes oder der Implementierung beauftragt ist. Zu den sonstigen Einflüssen können die Methodenkompetenz, farbliche und layouttechnische Präferenzen und das Organisationskonzept (funktions- oder objektorientiert) aufgezählt werden (vgl. BECKER, J., DELFMANN, P., KNACKSTEDT, R., KUROPKA, D., S. 38-40).

Abschließend ist noch eine Anforderungsanalyse durchzuführen, die auf die Sichten des ARIS- Modell (vgl. SCHEER, A, 1997, S. 88) (Daten, Funktion, Prozess, Organisation und Leistung) aufbaut (vgl. BECKER, J., DELFMANN, P., KNACKSTEDT, R., KUROPKA, D., S. 41).

2.2.2 Referenzmodellierungstechnik definieren (Phase II)

Nachdem in Phase I das Projektziel definiert wurde, wird in Phase II die Modellierungstechnik entwickelt. Durch die unterschiedlichsten Zielsetzungen von Referenzmodellen gibt es keine allgemein gültige Modellierungstechnik. Deshalb kommt der Entwicklung von Modellierungstechniken eine besondere Bedeutung zu, die aber durchaus auf bestehende Techniken zurückgreifen und diese modifizieren kann. Bei dieser Entwicklung gibt es wesentliche Aspekte, die berücksichtigt werden müssen (vgl. BECKER, J., DELFMANN, P., KNACKSTEDT, R., KUROPKA, D., S. 43-44).

Der konzeptionelle Aspekt legt die Sprache der Modellierungstechnik fest. Dabei werden Unterscheidungsmerkmale (z.B. Funktionen, Ereignisse und Prozesse) sowie die semantischen Bedeutungen dieser Begriffe festgelegt. Der repräsentationelle Aspekt beinhaltet einen Symbolvorrat, zulässige Verknüpfungen und Regeln zur Layoutgestaltung. Durch den repräsentationellen Aspekt werden die Begriffe des konzeptionellen Aspekts grafische Symbole zugeordnet. Die strukturorientierte Sicht kann unter der Verwendung der Systemtheorie durch den konzeptionellen und den repräsentationellen Aspekt zusammengesetzt werden. Die verhaltensorientierte Sicht berücksichtig die Handlungsanleitung und beschreibt die Vorgehensweise der Anwendung von Strukturregeln (vgl. HOLTEN, R., 2000, S. 4-7; BECKER, J., DELFMANN, P., KNACKSTEDT, R., KUROPKA, D., S. 44).

Die Modellierungstechniken für die Referenzmodelle basieren auf sprachlich orientierten Metamodellen. Für die Definition der Modellierungstechnik sind dann noch Modellrahmen,

Verfeinerungsmodelle und Konfigurationsregeln notwendig (vgl. BECKER, J., DELFMANN, P., KNACKSTEDT, R., KUROPKA, D., S. 46-47).

2.2.3 Referenzmodell erstellen (Phase III)

Aufgabe des Referenzmodellerstellers ist es nun, den Ordnungsrahmen, die Verfeinerungs-modelle und die Konfigurationsregeln zu entwickeln. Für die Konstruktion des Ordnungsrahmens kann auf die Funktionsbereiche der Phase I zurückgegriffen werden. Die Konfigurationsparameter der Unternehmensmerkmalsausprägungen und Perspektiven müssen dabei berücksichtigt werden (vgl. BECKER, J., DELFMANN, P., KNACKSTEDT, R., KUROPKA, D., S. 49).

Damit das Modellierungsergebnis auch tatsächlich Referenzcharakter hat ist es notwendig, die betriebswirtschaftlichen Quellen sorgfältig auszuwählen. Dabei können zwei Altnernativen miteinander kombiniert werden. Einerseits können bestehende Informationsmodelle verallgemeinert und miteinander kombiniert werden. Andererseits werden allgemeine Gestaltungsempfehlungen aus der Literatur zu Referenzlösungen kombiniert und konkretisiert (vgl. BECKER, J., DELFMANN, P., KNACKSTEDT, R., KUROPKA, D., S. 49).

Da Referenzmodelle meist innerhalb von Institutionen hergestellt werden und mehrere Personen an der Erstellung der Referenzmodelle beteiligt sind, ist eine Abgrenzung der Arbeitsbereiche zu empfehlen. Die Phase der Methodik ermöglicht die Unterteilung in unterschiedliche Qualifikationen (z.B. Konstruktion und Vermarktung). Auch die verschiedenen Funktionsbereiche können Ansatzpunkte für die Arbeitsteilung sein. Zuletzt kann auch die Modellierungstechnik genannt werden, die eine Arbeitsteilung anhand von methodischen Informationssystemarchitekturen ermöglicht und spezielle methodische Kenntnisse und Erfahrungen der Modellierer berücksichtigt (vgl. BECKER, J., DELFMANN, P., KNACKSTEDT, R., KUROPKA, D., S. 50).

Durch die Arbeitsteilung ist auch eine Koordination erforderlich, die die Abteilungen untereinander koordiniert und die Strategien Top Down, Buttom Up oder Out of the middle vorgibt. Mittels Basiswortkataloge kann die Bezeichnung von Modellelementen standardisiert werden und helfen, Sprachdefekte zu vermeiden. Bei der Modellierung sollen auch die Grundsätze ordnungsgemäßer Modellierung (GoB) berücksichtigt werden, die im Kapitel 3.1

genauer behandelt werden (vgl. BECKER, J., DELFMANN, P., KNACKSTEDT, R., KUROPKA, D., S. 51).

2.2.4 Referenzmodell evaluieren (Phase IV)

Die Tests des Referenzmodells erfolgen größtenteils schon begleitend zur Modellierung. Trotzdem ist eine abschließende Prüfung des Gesamtmodellsystems notwendig. Dabei sind insbesondere die Modelldependenzen Konfigurationsdependenz, Funktionsbereichsdependenz und Domänenwissensdependenz zu untersuchen[3] (vgl. BECKER, J., DELFMANN, P., KNACKSTEDT, R., KUROPKA, D., S. 53).

Für die Planung der Tests ist es erforderlich, die Testfälle zu spezifizieren, wobei ein Testfall eine Kombination aus selektierten Unternehmensmerkmalsausprägungen und Perspektiven darstellt. Für die Testfälle eignen sich Variationen einzelner Konfigurationsparameter oder die Bildung repräsentativer Szenarien, die dann ausführlich untersucht werden (vgl. BECKER, J., DELFMANN, P., KNACKSTEDT, R., KUROPKA, D., S. 53-54).

Bei der Auswahl der Testverfahren kann in Black Box und White Box Verfahren unterschieden werden, wobei die Ausprägungen der Konfigurationsparameter die Testfälle darstellen. Beim Black Box Verfahren werden konfigurierte Modelle verwendet, die Begutachtungspunke externer Gutachter sind. Das White Box Verfahren setzt voraus, dass die Gutachter mit den entsprechenden Modellierungstechniken vertraut sind, um dann die Konfiguration selbständig ändern zu können. Im Vergleich zum Black Box Verfahren ist das White Box Verfahren aufwändiger, bietet aber eine höhere Fehlerentdeckungsrate. Eine spezielle Variante der Testverfahren ergibt sich durch die Verwendung von Expertensystemen, die die Konfigurationsregeln verwalten können, aber kein echtes White Box Verfahren darstellen (vgl. BECKER, J., DELFMANN, P., KNACKSTEDT, R., KUROPKA, D., S. 54).

---

[3]   Die Konfigurationsdependenz prüft ob die Konfigurationsregeln in Abhängigkeit von der Konfigurationsparameterausprägung geeignete Modellvarianten zur Verfügung stellt. Die inhaltliche funktionsbereichsübergreifende Konsistenz innerhalb der Modellvarianten prüft die Funktionsbereichsdependenz, während die Domänenwissensdependenz betriebswirtschaftliche Gestaltungsempfehlungen und Hypothesen der Benutzeranforderungen und Perspektiven begutachtet (vgl. BECKER, J, DELFMANN, D., KNACKSTEDT, R, KUROPKA, D, S. 53).

Den Gutachtern werden abschließend die unterschiedlichen Modellbestandteile zur Prüfung vorgelegt. Deren Aufgabe ist es, unter den oben genannten Dependenzen, die Ergebnisse der Evaluation zu dokumentieren. Diese Dokumentation ist Grundlage für Verbesserungen, die dann durch Rücksprung in vorangegangenen Phasen umgesetzt werden können (vgl. BECKER, J., DELFMANN, P., KNACKSTEDT, R., KUROPKA, D., S. 55).

2.2.5 Referenzmodell vermarkten (Phase V)

Nach MEFFERT (vgl. S.116-120; BECKER, J., DELFMANN, P., KNACKSTEDT, R., KUROPKA, D., S. 56) müssen bei der Vermarktung sämtliche Dimensionen des Marketingmixes berücksichtig werden:

Die Produktpolitik legt über die Sortimentspolitik fest, ob das ganze konfigurative Referenz-modell oder die einzelnen konfigurierbaren Varianten separat (Produktdifferenzierung) angeboten werden. Mittels einer Softwarelizenzierung oder eines Produktupgrades kann der Kunde die Funktionalität zu einem späteren Zeitpunkt erweitern. Ein kostenloser oder kostengünstiger Erwerb eines Modells auf hohem Abstraktionsniveau z.B. über das Internet hilft, das Modell schneller bekannt zu machen.

Die Distributionspolitik legt die Wahl des Absatzkanals und der physischen Distribution fest. Dabei steht die Entscheidung, ob das Referenzmodell lediglich intern oder auch öffentlich verwendet werden kann, im Vordergrund. Auch die Form der Weitergabe (Buchform oder Software Modell mit Dateninput) ist von wesentlicher Bedeutung, da mittels Software bereits eine automatische Konfiguration und eine editorgestützte Referenzmodellanpassung erfolgen kann.

Durch die Kontrahierungspolitik kann mit unterschiedlichen Produktvarianten eine Preisdifferenzierung angestrebt werden, wodurch die unterschiedlichen Kundensegmente optimaler angesprochen werden können. Eine Preisdifferenzierung ohne unterschiedliche Produktvarianten ist nur dann möglich, wenn die Preisunterschiede den Modellbenutzern nicht bekannt sind. Eine solche Intransparenz ist dann gegeben, wenn die Modellbenutzer wenig miteinander kommunizieren oder unternehmensspezifische Zusatzleistungen angeboten werden.

Aufgabe der Kommunikationspolitik ist es, die Informationen über das Referenzmodell mittels persönlichem Verkauf, Werbung, Verkaufsförderung oder Öffentlichkeitsarbeit an potentielle Käufer zu übermitteln. Besonders wichtige Werbemaßnahmen für Referenzmodelle sind dabei Messeauftritte, Tagungsvorträge, Verkaufspräsentationen in Unternehmen und der Versand von Werbematerial. Dafür ist es jedoch notwendig, dass funktionseingeschränkte Produktvarianten existieren, die dann kostenlos oder preisreduziert als Werbemittel angeboten werden können.

3   Referenzmodelle für den Handel

Referenzmodelle können für die unterschiedlichsten Unternehmensbranchen erstellt werden. Um diese Vielfalt von Referenzmodellen strukturieren zu können, werden diese in anwendungsunabhängige oder anwendungsabhängige Architekturen eingeteilt. Für den Wirtschaftsbereich des Handels wurde das Handels-H-Modell (vgl. Kapitel 2 Abb.1) als anwendungsabhängige Architektur erstellt (vgl. BECKER, J., SCHÜTTE, R., 1997, S. 428-429).

3.1   Anforderungen an Referenzmodelle

Bei der Modellierung von Referenzmodellen sind die Grundsätze ordnungsmäßiger Modellierung (GoM) zu berücksichtigen, damit die verfolgten Ziele erreicht werden können (vgl. BECKER, J., SCHÜTTE, R., 1997, S. 430; BECKER, J., SCHÜTTE, R., 1996, S. 65-92).

Der Grundsatz der Richtigkeit lässt sich in eine syntaktische und eine semantische Richtigkeit unterteilen. Syntaktisch bezieht sich auf die Vollständigkeit und Konsistenz des Modells gegenüber dem Metamodell, semantisch auf die Struktur- und Verhaltenstreue des Modellsystems zum Objektsystem. Bei deduktiver[4] Erstellung wird die semantische Richtigkeit durch die Prüfung auf Plausibilität abgelöst (vgl. BECKER, J., SCHÜTTE, R., 1997, S. 431; BECKER, J., SCHÜTTE, R., 1996, S. 67).

Der Zusammenhang zwischen syntaktischer und semantischer Richtigkeit wird in Abb. 3 dargestellt. Außerdem ist die Abgrenzung zwischen Richtigkeit und Relevanz ersichtlich.

---

[4] Deduktiv bedeutet eine Ableitung aus der Theorie (vgl. LUXEM, R., S. 38).

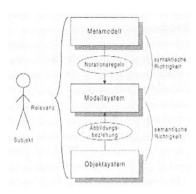

Abb. 3. Abgrenzung Richtigkeit und Relevanz: BECKER, J., SCHÜTTE, R., 1996, S. 68

Mit dem Grundsatz der Relevanz wird die Allgemeingültigkeit von Referenzmodellen beschrieben, damit sie als Ausgangslösung für die Erstellung individueller Modelle geeignet ist. Diese Allgemeingültigkeit für eine Vielzahl von Unternehmen kann nur durch einen hohen Abstraktionsgrad erreicht werden. Dabei ist darauf zu achten, dass sie weder zu detailliert (sonst entstehen unternehmensspezifische Modelle) noch zu abstrakt sind (große Diskrepanz zwischen Referenz- und unternehmensspezifischem Modell reduziert den Nutzen) (HARS, A., S. 15f.; SPANG, S., S.140f.; BECKER, J., SCHÜTTE, R., 1997, S. 431; BECKER, J., SCHÜTTE, R., 1996, S. 68).

Bei dem Grundsatz der Wirtschaftlichkeit steht einerseits eine flexible Anpassung im Vordergrund, damit die unternehmensspezifische Anpassung effizient und effektiv durchgeführt werden kann. Andererseits ist auch eine gewisse Robustheit gefordert, die das Modell unabhängig von Veränderungen der Realwelt macht (MOODY, D. L., SHANKS, S., S. 103f.; BATINI, C., CERI, ST., NAVATHE, S. B., S. 213; BECKER, J., SCHÜTTE, R., 1997, S. 431-432; BECKER, J., SCHÜTTE, R., 1996, S. 69).

Der Grundsatz der Klarheit beschäftigt sich mit der Strukturiertheit, Übersichtlichkeit und Lesbarkeit von Referenzmodellen, damit die unterschiedlichen Perspektiven auf das Modell (multiperspektivische Modellierung) dargestellt werden können. Dem Modell liegen meist mehrere Objektsysteme zugrunde. Deshalb hat die übersichtliche und strukturierte Darstellung von Altnernativen eine große Bedeutung (vgl. BECKER, J., SCHÜTTE, R., 1997, S. 432; BECKER, J., SCHÜTTE, R., 1996, S. 69).

Der Grundsatz der Vergleichbarkeit unterteilt sich in die syntaktische und semantische Vergleichbarkeit. Syntaktisch bezeichnet die Kompatibilität von Modellen, die mit unterschiedlichen Methoden erstellt wurden und hat bei Referenzmodellen eine geringe Bedeutung. Referenzmodelle werden öfters mit anderen Modellen verglichen, wodurch gerade der semantischen Vergleichbarkeit eine hohe Bedeutung zugewiesen wird (z.b. Vergleich zwischen Referenz- und Standardsoftware Modell) (vgl. BECKER, J., SCHÜTTE, R., 1997, S. 432; BECKER, J., SCHÜTTE, R., 1996, S. 70).

Die sichtenübergreifende Konsistenz der Modelle wird im Grundsatz des systematischen Aufbaus behandelt. Diese Forderung impliziert auch ein sichtenübergreifendes Metamodell und gilt sowohl für Referenzmodelle und auch unternehmensspezifische Modelle. Außerdem müssen die Alternativen im Modell sichtenübergreifend abgebildet werden (vgl. BECKER, J., SCHÜTTE, R., 1997, S. 432; BECKER, J., SCHÜTTE, R., 1996, S. 70).

3.2 Gestaltung von Referenzmodellen für einen Auftragserfassungsprozess

Die in Kapitel 3.1 angeführten Anforderungen an Referenzmodelle sollen nun am Beispiel eines Auftragserfassungsprozesses erklärt werden.

Der wesentliche Unterschied zwischen einem Referenz-Informationsmodell und einem unternehmensspezifischen Modell liegt darin, dass mehrere Objektsysteme abgebildet werden müssen. Im folgenden soll die Modellierung eines Referenzmodells anhand der drei Objektsysteme

a) Großhandelsunternehmen im Investitionsgüterbereich (Angebot zum zu erfassenden Auftrag ist zwingend notwendig)

b) Niederlassung eines Großhandels mit Direktverkauf (beim Auftragseingang existiert in der Regel kein Angebot, da der Preis im Verkaufsgespräch festgelegt wird)

c) Elektrogroßhandel mit Vertretern und Direktverkauf (beinhaltet beide Varianten also Auftragserfassung mit und ohne zugehörigem Angebot)

dargestellt werden (vgl. BECKER, J., SCHÜTTE, R., 1997, S. 434-435).

3.2.1 Grundsatz der Richtigkeit

Hier ist bei der induktiven Erstellung sowohl auf eine syntaktische und semantische Richtigkeit als auch auf widerspruchsfreie Inhalte der im Modellsystem abgebildeten unterschiedlichen Objektsysteme zu achten. Als Modellierungsmethoden können für die Datensicht das Entity-Relationship-Diagramm (ERM) und für die Prozesssicht EPK´s

herangezogen werden (vgl. BECKER, J., SCHÜTTE, R., 1997, S. 434-435). In Abb. 4 wurde der Sachverhalt mittels EPK dargestellt.

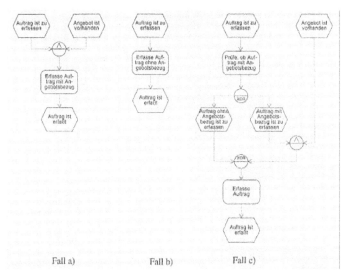

Abb. 4. Alternative Auftragserfassungsprozesse: BECKER, J., SCHÜTTE, R., 1997, S. 435

Auf den ersten Blick könnte man vermuten, dass Fall c) alle Anforderungen des Grundsatzes der Richtigkeit erfüllt. Das ist jedoch nicht der Fall, da Fall c) eine Wahlmöglichkeit der Alternativen zulässt, wogegen in Fall a) und b) Auftragseingänge lediglich **nur mit** oder **nur ohne** Angebotsbezug möglich sind. Um die semantische Richtigkeit gewährleisten zu können, werden Buildtime Operatoren (BO) verwendet, die es ermöglichen, das Referenzmodell an die unterschiedlichen Realweltausschnitte anzupassen. Ein BO kann nach einem Ereignis modelliert werden und ermöglicht während der Anpassungsphase die Konfiguration durch einen definierten Operator. Solche Operatoren können ein exklusiv Oder (XOR), ein inklusiv Oder (OR), ein logisches Und (UND) oder die Auswahl eines Prozessastes sein. Modelliert werden BO´s durch einen doppelt umrahmten Operator. Abb. 5 veranschaulicht die Modellierung des oben angeführten Beispiels (vgl. BECKER, J., SCHÜTTE, R., 1997, S. 435-436).

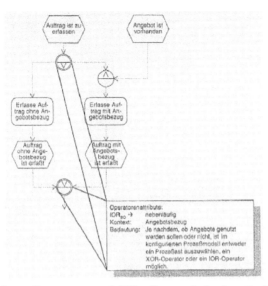

Abb. 5. Auftragserfassungsprozess mit IOR_{BO}: BECKER, J., SCHÜTTE, R., 1997, S. 436

Die aus den BO´s abgeleiteten (Runtime) Operatoren (RO) dürfen nur genauso restriktiv oder noch restriktiver sein als der BO. Aus einem IOR_{BO} können nur ein IOR, ein XOR, ein UND oder die Auswahl eines Prozessastes abgeleitet werden (vgl. ROSEMANN, M., S. 251; BECKER, J., SCHÜTTE, R., 1997, S. 436). Ein XOR_{BO} kann nur durch ein XOR oder die Auswahl eines Prozessastes ersetzt werden und aus einem UND_{BO} kann nur ein UND hervorgehen. Die für den BO gültigen RO Ausprägungen können nur durch eine explizite Angabe (Beschreibung) definiert werden, wobei die potentiell einsetzbaren RO angeführt werden (vgl. BECKER, J., SCHÜTTE, R., 1997, S. 436).

Wird der BO bei der Konfiguration in ein XOR überführt, dann ist zusätzlich noch eine Modellergänzung notwendig. Für den Fall c) (Auftrag ist mit oder ohne Angebot zu erfassen) ist der BO durch eine Prüffunktion (Prüfung auf Angebotsbezug), dem RO selbst und den Ereignissen (Auftrag ohne Angebotsbezug bzw. mit Angebotsbezug ist zu erfassen) zu ersetzen. Erst dadurch nimmt das Referenzmodell in der BO Version die Struktur der EPK in Abb. 3 Fall c) an (vgl. BECKER, J., SCHÜTTE, R., 1997, S. 436-437).

3.2.2 Grundsatz der Relevanz

Durch die BO kann der Nutzen und der Adressatenkreis deutlich erhöht werden, da das Referenzmodell für 3 unterschiedliche Fälle verwendet werden kann und somit eine breitere Einsatzbasis hat. Der Grundsatz der Relevanz wird durch die Erweiterung des Metamodells der EPK um die BO nicht negativ beeinflusst (vgl. BECKER, J., SCHÜTTE, R., 1997, S. 437). Maßgebend für die Relevanz ist auch noch die Bestimmung vom Umfang des zu betrachtenden Realweltausschnitts. Der Umfang bezieht sich z.b. darauf ob die Handelsunternehmen nur im Inland oder auch im Ausland tätig sein sollen wodurch der Objektsystembereich um die Außenhandelsaktivitäten reduziert bzw. erweitert werden muss (vgl. BECKER, J., SCHÜTTE, R., 1997, S. 437).

3.2.3 Grundsatz der Wirtschaftlichkeit

Die BO´s besitzen eine modellverkürzende Wirkung, die die Erstellungskosten für die Referenzmodelle reduzieren und somit in positiver Korrelation mit der Wirtschaftlichkeit stehen. Die BO´s erfordern bei der Anpassung jedoch zusätzlichen Aufwand wodurch höhere Kosten entstehen. Es ist aber möglich, den Anpassungsprozess durch eine automatisierte Modellkonfiguration zu ersetzen, damit diese Kosten vernachlässigt werden können. Insgesamt wird der Trend verfolgt, dass BO´s die Wirtschaftlichkeit fördern (vgl. BECKER, J., SCHÜTTE, R., 1997, S. 437-438).

3.2.4 Grundsatz der Klarheit

Die BO´s erhöhen die Anzahl der unterschiedlichen Modellierungskonstrukte des Modells, verringern aber auch die Anzahl der Informationsobjekte. Dadurch steigt einerseits die Modellkompliziertheit, die einen negativen Einfluss auf die Klarheit hat, andererseits steigt aber auch die Anschaulichkeit und Übersichtlichkeit, die sich positiv auf die Klarheit auswirkt. Die Übersichtlichkeit wird bei der Referenzmodellierung höher gewichtet als die geringere Komplexität, wodurch die BO´s insgesamt einen positiven Einfluss auf den Grundsatz der Klarheit darstellen (vgl. BECKER, J., SCHÜTTE, R., 1997, S. 438).

3.2.5 Grundsatz der Vergleichbarkeit

Durch die BO´s können unterschiedliche Alternativen unternehmensspezifischer Modelle in einer gemeinsamen Struktur dargestellt werden. Dadurch erhöht sich die Möglichkeit,

Modelle und Modellbestandteile miteinander zu vergleichen (vgl. BECKER, J., SCHÜTTE, R., 1997, S. 438).

3.2.6 Grundsatz des systematischen Aufbaus

Der Grundsatz des systematischen Aufbaus fordert eine sichtenübergreifende Konsistenz der Modelle. Durch die eingeführten BO's kann zwar die EPK nicht jedoch die Datensicht angepasst werden, da das Entity-Relationship-Modell (ERM) in seiner ursprünglichen Form keine fakultativen Beziehungen für das Modellcustomizing zulässt. Dadurch besteht zunächst keine sichtenübergreifende Konsistenz. Es besteht jedoch die Möglichkeit, das ERM durch zusätzliche Kantenrollen wie B für Buildtime und R für Runtime und eine Kombination beider (BR) zu erweitern, um den Grundsatz des systematischen Aufbaus gewährleisten zu können (vgl. BECKER, J., SCHÜTTE, R., 1997, S. 438).

Mit der Kantenrolle B kann in unserem Beispiel der Sachverhalt der Beziehung Angebot-Auftrag vor der Anpassung modelliert werden, die dann in der Anpassung unternehmensspezifisch modelliert oder weggelassen wird. Besteht jedoch wie im Fall c) eine fakultative Beziehung zur Laufzeit, dann ist eine Kennzeichnung durch R erforderlich. Eine fakultative Beziehung während der Build- und Runtime wird dann mit der Kantenrolle BR modelliert, wobei die Kardinalität durch (0 XOR 1, m) erweitert wird (vgl. BECKER, J., SCHÜTTE, R., 1997, S. 438-439).

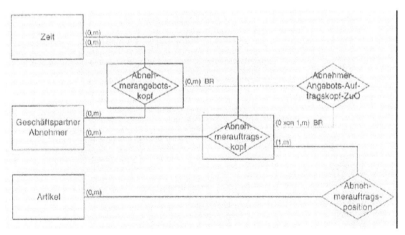

Abb. 6. BO's im Datenmodell: BECKER, J., SCHÜTTE, R., 1997, S. 439

In Abb. 6 ist exemplarisch eine Entity Relationship Modell für den Auftragserfassungsprozess dargestellt, der zwei Build- und Runtime Kantenrollen enthält.

Mit den soeben eingeführten Buildtime Operatoren ist es möglich, konfigurative Referenzmodelle zu erstellen, die bereits in Kapitel 2 erläutert wurden. Außerdem eignen sich BO´s auch als Methodik zur Wiederverwendung von Referenzmodellen, die im Kapitel 4 genauer beschrieben werden. Im Anschluss wird eine Weiterentwicklung von den Buildtime Operatoren angeführt.

3.3   Weiterentwicklung von Buildtime Operatoren

Um die komplexen und umfangreichen Anforderungen an die Modellierung von Referenzmodellen erfüllen zu können gibt es Weiterentwicklungen von den herkömmlichen Buildtime Operatoren. Dies sind Sequenz- und Entscheidungstabellenoperatoren.

Für die Festlegung einer bestimmten Reihenfolge von Funktionen, die unabhängig von einander ausgeführt werden sollen (z.B. Auftrag erfassen, Beladung durchführen und Lieferschein erstellen), können auf der Buildtime Ebene sogenannte Sequenzoperatoren verwendet werden. Damit können Abhängigkeiten von heterogenen Abläufen unterschiedlicher Unternehmensklassen kompakt modelliert werden (SCHÜTTE, R., 1998, S. 247-248).

Komplexere Sachverhalte werden durch die Modellierungen mit den Buildtime Operatoren schnell zu unübersichtlich. Besser sind dafür sogenannte Entscheidungstabellenoperatoren (ET - Operatoren) geeignet, bei denen die Merkmalskombinationen komprimiert in Entscheidungstabellen zusammengefasst werden. In diesen Entscheidungstabellen werden auch die Aktionen angegeben, die im entsprechenden Fall auszuführen sind. Es ist außerdem auch möglich, Alternativen im ET – Operator anzugeben, wodurch aufwendige Prüffunktionen im Referenzmodell unberücksichtigt bleiben können. Dies ist insbesondere bei verbundenen Entscheidungstabellen vorteilhaft. Die ET – Operatoren sind, wie auch die Buildtime Operatoren, geeignet, konfigurationsspezifische Detaillierungen abzubilden, de dann durch den Konfigurationsvorgang bei der Implementierung explizit konkretisiert werden (SCHÜTTE, R., 1998, S. 249-250).

In Abb. 7 ist als Beispiel eine Dispositionsdurchführung mittels eines Entscheidungstabellen-verbundes modelliert, wobei als Aktion der Tabelle ET0 Verweise in die anderen Entscheidungstabellen ET1 und ET2 angegeben sind.

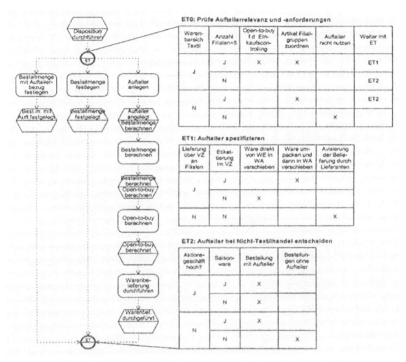

Abb. 7. Modellierung mit ETB Operatoren: SCHÜTTE, R., 1998, S. 249

3.4 Nutzen von Referenzmodellen

Aufgrund fehlender umfangreicher Untersuchungen lässt sich der Nutzen durch den Einsatz von Referenzmodellen lediglich tendenziell und plausibel durch Kosten-, Erlös- und Risikoaspekte beschreiben, die nun genauer erläutert werden (vgl. BECKER, J., SCHÜTTE, R., 1997, S. 432).

3.4.1 Kostenaspekte

Schon bei der Modellierung können Kosten eingespart werden. Sie beschleunigen und vereinfachen den Modellerstellungsprozess und erleichtert die Strukturierung von Projekten.

Außerdem geben Referenzmodelle einheitliche Begriffe (Termini) vor, um die Begriffsvielfalt, die in verschiedenen Abteilungen vorhanden sind, zu reduzieren. Durch eine übergeordnete Sichtweise auf das Unternehmen ergibt sich eine normative Wirkung für viele Sichten, die eine schnellere Abstimmung zwischen unterschiedlichen Interessen ermöglicht (vgl. BECKER, J., SCHÜTTE, R., 1997, S. 432-433).

Kosten können auch bei der Modellinstanziierung durch die Nutzung betriebswirtschaftlicher Konzepte reduziert werden. Referenzmodelle beinhalten durch den Empfehlungscharakter durchwegs effiziente betriebswirtschaftliche Lösungen, die ein Unternehmen implementieren kann, um den Ablauf und die Konsistenz der Informationen zu verbessern. Als Beispiele können eine effiziente Lagerorganisation oder abrechnungsbezogene Aufgaben angeführt werden (vgl. BECKER, J., SCHÜTTE, R., 1997, S. 433).

Kostensteigernd wirkt für das Unternehmen hingegen der Einsatz von Referenzmodellen, wobei Anschaffungskosten, Methodenschulung und Anpassung der Modelle als Beispiele angeführt werden können (vgl. BECKER, J., SCHÜTTE, R., 1997, S. 433).

3.4.2 Erlösaspekte

Erlöswirkungen entstehen dann, wenn die betriebswirtschaftlichen Lösungen der Referenzmodelle nutzbringend im Unternehmen eingesetzt werden können (vgl. BECKER, J., SCHÜTTE, R., 1997, S. 433).

3.4.3 Risikoaspekte

Es besteht in erster Linie die Gefahr einer fehlerhaften Abbildung von bestehenden oder gewünschten Gegebenheiten. Existiert bereits eine Ausgangslösung, dann können zumindest Kernbestandteile übernommen werden und das Risiko der fehlerhaften Abbildung reduziert werden. Fehler der Entwicklung von Referenzmodellen können durch mehrfache Validierung reduziert werden, wodurch dann Ausgangskonzepte mit weitgehend erprobten Lösungen entstehen (vgl. BECKER, J., SCHÜTTE, R., 1997, S. 434). Auch eine induktive[5] Herleitung kann das Risiko reduzieren, da es sich bereits um praktisch erprobte Verhaltensweisen handelt (vgl. LUXEM, R., S. 39).

---

[5] Induktiv bezeichnet die Beobachtung von unternehmensindividuellen Situationen (vgl. LUXEM, R., S. 38).

Eine weitere Gefahr von Referenzmodellen ist in der Standardisierung zu sehen, die zu einem Verlust von strategischen Wettbewerbsvorteilen führen kann. Diese Gefahr kann aber durch eine entsprechende Anpassung oder Erstellung individueller Modelle in den Bereichen der strategischen Wettbewerbsvorteile reduziert werden (vgl. BECKER, J., SCHÜTTE, R., 1997, S. 434).

4 Methoden zur Wiederverwendung von Referenzmodellen

Referenzmodellierung ist ähnlich wie Software Engineering sehr aufwendig und zeitintensiv. Um eine effizientere und effektivere Modellierung zu ermöglichen, ist eine Wiederverwendung bereits vorhandener Modelle und Modellbausteine erforderlich.

Der Vergleichsrahmen für die Ansätze der Wiederverwendung besteht aus dynamischen und statischen Aspekten. Dynamische Aspekte beinhalten den Wiederverwendbarkeitsentwurf, die Wiederauffindung, die Anpassung und die Evaluierung. Die Wiederauffindung kann weiter in Suche, Selektion, Auswahl und Beschaffung unterteilt werden. Anpassung kann durch kompositorische[6] und generische Maßnahmen[7] erfolgen (FETTKE, P. und LOOS, P.,S. 11-15).

Statische Aspekte bilden der Modellbegriff (Modell als Abbildung, zweckrelevante Abbildung und Konstruktion), der Umfang (Elementares Modell, Unternehmensmodell und Bereichsmodell) sowie die Sicht (Struktur und Verhaltenssicht) und die Sprache (Ereignisgesteuerte Prozessketten (EPK), Entity-Relationship-Modell (ERM), Unified Modeling Language und Petri-Netze) (FETTKE, P. und LOOS, P.,S. 15-17).

4.1 Vergleich ausgewählter Methoden

Im folgenden werden Methoden zur Wiederverwendung von Referenzmodellen verschiedener Autoren angeführt.

---

[6] Kompositorische Maßnahmen löschen, verändern oder ergänzen einzelne Bereiche des Modells, um die Passgenauigkeit zu verbessern (vgl. SCHÜTTE, R., 1998, S. 316-319).

[7] Bei generischen Maßnahmen definieren Regeln und Anpassungsschritte explizit Möglichkeiten zur Anpassung, wobei es sich im einfachsten Fall um Platzhalter für bestimmte Bezeichnungen handeln kann (vgl. REMME, M.).

4.1.1 Die Methode von HARS

Die Ansätze von HARS beschäftigen sich primär mit der Wiederverwendung von Unternehmensmodellen und einzelner Modellelemente, die durch Softwarewerkzeuge unterstützt werden. Gespeichert werden sämtliche wiederverwendbare Referenzmodelle in einem Repositorium. Die Selektion von Modellen kann durch eine Spezifikation von Modelleigenschaften im Repositorium und durch eine navigierende Suche erfolgen, die vom Modellierer jedoch manuell durchgeführt werden muss. Für die Anpassung kann eine Gliederung in Löschung, Modifikation und Ergänzung vorgenommen werden. Die Methode von HARS beschreibt ausführlich die Voraussetzungen der Anpassungsmöglichkeiten. Aufbauend auf einer Begriffsanalyse wird geklärt, ob das ausgewählte Referenzmodell den unternehmensspezifischen Gegebenheiten entspricht (FETTKE, P. und LOOS, P.,S. 18-19).

4.1.2 Die Methode von KRAMPE

Der Entwicklungsprozess von Informationssystemen kann lt. KRAMPE durch die Wiederverwendung von Systementwürfen deutlich verbessert werden. Gleichzeitig steigt aber der Aufwand in allen Phasen der Wiederverwendung von Modellen, der nur durch ein Wiederverwendungskonzept relativiert werden kann. KRAMPE entwickelte dafür den Ansatz des fallbasierten Schließens (Case Based Reasoning). Zur Beschreibung von Modellen werden Komponenten (Entitätstypen, Funktionen, Ereignisse und Attribute), Komponentenbäume, EPK sowie Funktionsbäume verwendet. Indexbäume verknüpfen Komponenten und Modelle verschiedener Merkmale, um bei einer Suche das Wiederauffinden des Modells zu ermöglichen. Auch eine automatisierte Wiederauffindung ist möglich, wenn Ähnlichkeiten bestimmt werden (FETTKE, P. und LOOS, P.,S. 19).

4.1.3 Die Methode von LANG

Diese Methode übt Kritik an Methoden, die vorhandene Gestaltungsalternativen bei der Prozessmodellierung nicht explizit modulieren und an der Branchenorientierung vieler Referenzmodelle. Durch eine bausteinorientierte Modellierung von Prozessmodellen sollen diese Defizite eliminiert werden. LANG schlägt vor, eine konzeptionelle Trennung zwischen der Prozesslösung und dem Prozessablauf vorzunehmen. Die Beschreibung von Referenzmodellen erfolgt in Bibliotheken. Durch eine Typologie oder eine merkmalsbasierte Suche können Prozessbausteine innerhalb der Bibliotheken wiedergefunden werden. Bei der Anpassung von Prozessbausteinen ist zwischen Prozessabläufen und Prozesslösungen zu

unterscheiden. In dem einzelne Abläufe hinzugefügt, gelöscht oder in eine andere Reihenfolge gebracht werden, verändern sich die Prozessabläufe. Prozesslösungen können durch die Ausprägung ihrer Attribute angepasst werden (FETTKE, P. und LOOS, P.,S. 20-21).

4.1.4 Die Methode von REMME

REMME geht von Mängel bei der Geschäftsprozessgestaltung aus, die auf eine fehlende systematische Erfassung bestehender Gestaltungsspielräume und nicht systematisch dokumentierte Entscheidungen im Organisationsprozess zurückzuführen sind. Diese Mängel können durch Konstruktionsmethoden für Prozessmodelle reduziert werden, indem zuerst die Essenz[8] eines Unternehmens bestimmt wird. Diese Essenz bildet die Basis für die Prozessmodelle, die durch systematische Anwendung einzelner Prozessbausteine und deren Dokumentation vervollständigt werden. Die verwendeten Prozessbausteine sind in einer Bibliothek gespeichert und werden durch spezielle Angaben (allgemeine Begriffsbestimmung, Voraussetzungen, Wirkungen und konkrete Anwendungsbeispiele) dokumentiert, die die Wiederverwendung erleichtern. Angepasst werden sie primär durch kompositorische Wiederverwendung oder aber auch durch die Angabe von speziellen Funktionen und Ereignissen. Sachlogische Zugriffshierarchien verbessern die Wiederauffindung dieser Prozessbausteine (FETTKE, P. und LOOS, P.,S. 21).

4.1.5 Die Methode von SCHÜTTE

SCHÜTTE entwickelte ein umfassendes Vorgehensmodell, das durch ausgewählte Ansatzpunkte die Modellierungssprachen ERM und EPK erweiterte und somit eine höhere Flexibilität bei der Wiederverwendung ermöglicht. Dabei ermöglichen Buildtime Operatoren einerseits Intra Referenzmodellbeziehungen zwischen Unternehmensmerkmalen und speziellen Informationsobjekten und andererseits eine Variantenmodellierung. Durch Inter Referenzmodellbeziehungen können Schnittstellen zwischen Referenzmodellen verschiedener Wirtschaftszweige geschaffen werden. Auch quantitative Größen sollen eingeführt werden, die eine Überprüfung der Zielstellung ermöglichen. Außerdem ist die Struktur und der Aufbau der Referenzmodelle zu dokumentieren, um dem Verwender des Modells eine Navigation und

---

[8] Unter einer Essenz sind die zulässigen Gestaltungsalternativen eines Unternehmens definiert, die von idealen Randbedingungen (z.B. unbeschränkte Kapazität oder qualitativ einwandfreie Durchführung von Aufgaben) ausgehen (vgl. REMME, M., S. 99-110).

ein besseres Modellverständnis zu ermöglichen (FETTKE, P. und LOOS, P., S. 22; SCHÜTTE, R., S. 220-319).

4.1.6 Die Methode von SCHWEGMANN

Bei dieser Methode steht die Referenzmodellierung von Informationssystemen durch eine objektorientierte Modellierung im Vordergrund, die eine konzeptionelle Trennung der Prozesse für Entwicklung und Anwendung berücksichtigt. SCHWEGMANN publiziert ein Konzept zur Strukturierung und Modularisierung von Modellen, die abhängig von der Größe in Elementare-, Partiale-, Bereichs- und Gesamtmodelle unterteilt werden können. Die Wiederauffindung wird durch Attribute wie Modellname, Problemstellung, Kontext und Lösung erreicht. Die Wiederverwendbarkeit hängt dabei von den Erfahrungen des Modellierers ab (FETTKE, P. und LOOS, P.,S. 23).

4.1.7 Die Methode von SCHULZE

Die Methode von SCHULZE beschäftigt sich mit der Gestaltung von Informationsmodellen betrieblicher Systeme, wobei die Erreichung von Sachzielen und das Formalziel der Wiederverwendung betrachtet wird. Dabei soll das implizite Wissen der Modelle explizit dokumentiert und verfügbar gemacht werden. Durch die kontextabhängige und subjektgebundene Modellbildung ist es auch notwendig, Subjekt- und Modellierungsziele eines Referenzmodells zu dokumentieren. Die Wiederauffindung von den Modellen wird durch den Ansatz des fallbasierten Schließens ermöglicht, der allgemein und durch die Geschäftsprozessmodellierung im Semantischen Objektmodell (SOM) konkretisiert wird. SCHULZE unterscheidet zwei Fälle zur Wiederverwendung von Referenzmodellen, die beide von nicht vollständigen unternehmensspezifischen Modellen (Initialmodell) ausgehen. Ist das Initialmodell ein Teil eines Referenzmodells, dann können die Muster angewendet werden, die in der Mustersprache definiert sind. Anderenfalls ist innerhalb der Fallbasis nach Modellen zu suchen, die ähnliche Problemstellungen aufweisen. Die Anpassung beider Modelle instanziert eventuell vorhandene Modellvariablen um es an den aktuellen Verwendungskontext anzupassen (FETTKE, P. und LOOS, P.,S. 24).

4.1.8 Die Methode von WOLF

WOLF kritisiert, dass viele Methoden an den Ergebnissen orientiert sind wodurch der Prozess der Modellerstellung vernachlässigt wird und Referenzmodelle nur für einen speziellen

Kontext gültig sind, die subjektiv vom Modellierer abhängen. Darauf aufbauend entwickelt er subjektorientiertes Modellverständnis und einen Kontextsensitiven Modellierungsansatz. Die Wiederverwendung hängt dabei wesentlich von der Kommunikation zwischen den menschlichen Akteuren ab, wodurch eine formale Gestaltung sehr schwierig ist. Die Akteure sind in erster Linie der Referenzmodellnutzer und der Konstrukteur, die prinzipiell keine Kenntnis voneinander haben. Diese fehlende Kommunikation führt zu Interpretationsspielräumen und kann zu einer Gegenläufigkeit zwischen Allgemeingültigkeit und Zweckadäquanz führen. Die Wiederverwendbarkeit kann demnach durch einen mustersprachenbasierten Ansatz verbessert werden, der die Dokumentation von Modellzweck, Modellkontext, Problemstruktur, Konstruktionsaspekte und eine Beschreibung der verwendeten Modellierungssprache beinhaltet. Außerdem ist die Entwicklung und Dokumentation von Modellierungsmetaphern ein wichtiger Beitrag, um das Verständnis der Mustersprache zu erhöhen (FETTKE, P. und LOOS, P.,S. 25).

5   Zusammenfassung

Diese Seminararbeit soll grundlegende Einblicke in die Thematik Konfiguration, Gestaltung und Wiederverwendung von Geschäftsprozess Referenzmodellen geben.

In Kapitel 3.2 wurden dabei die Buildtime Operatoren vorgestellt, die sowohl eine Möglichkeit für konfigurative Referenzmodelle als auch eine Methode zur Wiederverwendung von Referenzmodellen (insbesondere die Methode von SCHÜTTE unter Kapitel 4.1.5) darstellen.
Anhand eines Beispiels wurde in Kapitel 3.2 die Gestaltung eines Referenzmodells an einem Auftragserfassungsprozesses dargestellt. Dieses einfache Beispiel wurde ausgewählt, damit die grundlegenden Aspekte der Referenzmodellierung gut und übersichtlich erklärt werden konnte.

Tatsächlich befassen sich Referenzmodelle mit weitaus komplexeren wirtschaftlichen Gegebenheiten, deren Erläuterung den Rahmen der Seminararbeit jedoch gesprengt hätte. Die Modellierung von Ereignisgesteuerten Prozessketten (EPK) ist dabei noch weitgehend überschaubar. Das Entity-Relationship-Modell hingegen bedarf einer umfassenden Erläuterung damit das Gesamtmodell verstanden werden kann.

6   Literaturverzeichnis

BATINI, C., CERI, ST., NAVATHE, S. B.: Conceptual Database Design. An Entity-Relationship-Approach. Redwood City, California, 1992, S.213.

BECKER, J.: Die Architektur von Handelsinformationssystemen. In: Ahlert, D., Becker, J., Ohlbrich, T., Schütte, R. (Hrsg.): Informationssysteme für das Handelsmanagement. Konzepte und Nutzung in der Unternehmenspraxis, Springer Verlag, 1998, S. 92-93.

BECKER, J., DELFMANN, P., KNACKSTEDT, R. und KUROPKA, D.: Konfigurative Referenzmodellierung. In: Becker, J. und Knackstedt, R. (Hrsg.): Wissensmanagement mit Referenzmodellen: Konzepte für die Anwendungssystem- und Organisationsgestaltung. Physica-Verlag, Heidelberg 2002, S. 25-194.

BECKER, J., SCHÜTTE, R.: Handelsinformationssysteme. Verlag Moderne Industrie, 1996, S.65-92.

BECKER, J., SCHÜTTE, R.: Referenz-Informationsmodelle für den Handel: Begriff, Nutzen und Empfehlungen für die Gestaltung und unternehmensspezifische Adaption von Referenzmodellen. In: Krallmann, H. (Hrsg.): Wirtschaftsinformatik '97: Internationale Geschäftstätigkeit auf der Basis flexibler Organisationsstrukturen und leistungsfähiger Informationssysteme. Physica-Verlag, Heidelberg 1997, S. 427-448.

FETTKE, P. und LOOS, P.: Methoden zur Wiederverwendung von Referenzmodellen – Übersicht und Taxonomie. In: Becker, J und Knackstedt, R. (Hrsg.): Arbeitsbericht Nr. 90: Referenzmodellierung 2002. Methoden – Modelle – Erfahrungen, Westfälische Wilhelms- Universität Münster, Institut für Wirtschaftsinformatik, Münster 2002, S. 9-33. http://www.wi.uni-muenster.de/inst/arbber/ab90.pdf (zuletzt besucht am 26.3.2005).

HAMMER, M., CHAMPY, J.: Business Reengineering – Die Radikalkur für das Unternehmen. Campus Verlag, 1994, S. 30-46.

HARS, A.: Referenzdatenmodelle – Grundlagen effizienter Datenmodellierung. Gabler Verlag, 1994.

HOLTEN, R.: Entwicklung einer Modellierungstechnik für Data Warehouse Fachkonzepte. In Schmidt, H. (Hrsg): Modellierung betrieblicher Informationssysteme. Proceedings der MobIS-Fachtagung 2000, 11. und 12. Oktober 2000, Siegen. Rundbrief der GI-Fachgruppe 5.10, 7, 2000, S. 3-21.

KRAMPE, D.: Wiederverwendung von Informationssystementwürfen – Ein fallbasiertes werkzeuggestütztes Ablaufmodell. Deutscher Universitätsverlag, 1999.

LANG, K.: Gestaltung von Geschäftsprozessen mit Referenzprozessbausteinen. Deutscher Universitätsverlag, 1997.

LINDEMANN, A.: Struktur und Effizienz elektronischer Märkte – Ein Ansatz zur Referenzmodellierung und Bewertung elektronischer Marktgemeinschaften und Marktdienste. Josef Eul Verlag, Lohmar und Köln 2000, S. 21-28.

LUXEM, R.: Digital Commerce – Electronic Commerce mit digitalen Produkten. Josef Eul Verlag, 2001, S. 38.

MEFFERT, H.: Marketing. Grundlagen der Absatzpolitik. Gabler Verlag, 7. Auflage, Nachdruck, 1991, S. 116-120.

MOODY, D. L., SHANKS, S.: What Makes a Good Data Model? Evaluating the Quality of Entity Relationship Models. In: Loucopoulos, P. (Hrsg.) : Business Modelling and Re-Engineering, Proceedings of the 13th International Conference on the Entety Relationsip Approach – ER '94, Berlin et al. 1994, S. 103f.

REMME, M.: Konstruktion von Geschäftsprozessen – Ein modellgestützter Ansatz durch Montage generischer Prozesspartikel. Gabler Verlag, 1997.

ROSEMANN, M.: Komplexitätsmanagement in Prozessmodellen – Methodenspezifische Gestaltungsempfehlungen für die Informationsmodellierung. Gabler Verlag, 1996, S. 251.

SCHARL, A.: Referenzmodellierung kommerzieller Masseninformationssysteme – Idealtypische Gestaltung von Informationsangeboten im World Wide Web am Beispiel der Branche Informationstechnik. Peter Lang Verlag, 1997, S. 13.

SCHEER, A. W.: Wirtschaftsinformatik – Referenzmodelle für industrielle Geschäftsprozesse. Springer Verlag, 1997, S. 88.

SCHULZE, D.: Grundlagen der wissensbasierten Konstruktion von Modellen betrieblicher Systeme. Shaker Verlag, 2001.

SCHÜTTE, R.: Grundsätze ordnungsmäßiger Referenzmodellierung – Theoretische Grundlagen und praktische Anwendung. Gabler Verlag, 1998, S. 209-319.

SCHWEGMANN, A.: Objektorientierte Referenzmodellierung – Theoretische Grundlagen und praktische Anwendung. 1999.

SPANG, S.: Informationsmodellierung im Investitionsgütermarketing, 1993, S.140f.

STAHLKNECHT, P., HASENKAMP, U.: Einführung in die Wirtschaftsinformatik. Springer Verlag, 2002, S. 2-3, 210-211.

STEINMÜLLER, W.: Eine Sozialwissenschaftliche Konzeption der Informationswissenschaft (Informationstechnologie und Nachrichtenrecht I). In: NfD, 32Jg, 1981, H.2, S. 73.

WOLF, S.: Wissenschaftstheoretische und fachmethodische Grundlagen der Konstruktion von generischen Referenzmodellen betrieblicher Systeme. Shaker Verlag, 2001.